Das kreative Babystrickbuch

Marlies Busch

Landwirtschaftsverlag GmbH

Inhalt

Vorwort

Wenn sich der Nachwuchs ankündigt, werden längst vergessene Kenntnisse über das Stricken wieder ausgepackt. An so kleine Pullis, Mützchen oder Schühchen wagt sich selbst der Ungeübteste – und der Erfolg ist sicher.
In diesem Büchlein finden Sie einfache Winzlinge, bei denen Sie sicher die Lust am Stricken nicht verlieren. Mit dicken Nadeln schnell gestrickt oder gehäkelt, in fröhlichen Farben mit lustigen Accessoires, in kuscheligen Wollen sind diese Modelle der Hit der Saison.
Wir frischen Ihre Kenntnisse gerne auf. Die ersten Seiten beinhalten Grundanleitungen fürs Stricken und Häkeln und einige Tipps und Tricks.
Nun steht der Kreativität nichts mehr im Wege und denken Sie daran, die Kleinen wachsen vielleicht schneller, als Sie stricken, also immer die größere Größe stricken.

Grundkurs Stricken

Maschenanschlag: Ein langes Fadenende, das der aufzuschlagenden Maschenanzahl entspricht, legt man von vorn nach hinten um den Daumen der linken Hand. Der vom

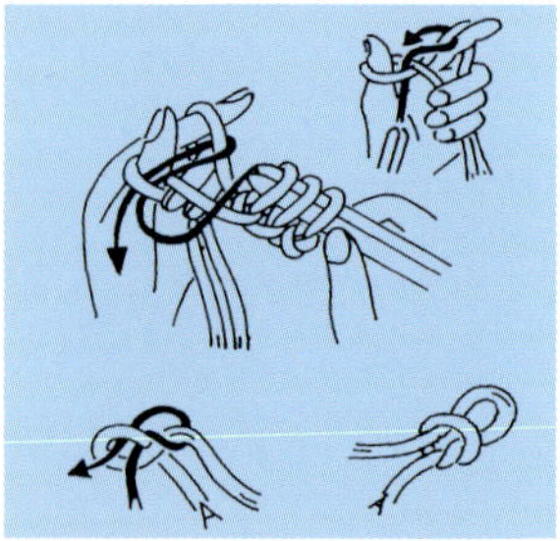

Knäuel kommende Faden wird über den Zeigefinger geführt und beide Fäden werden straff gehalten. Nun sticht man mit 2 Stricknadeln von unten in die Daumenschlinge ein und holt den vom Zeigefinger kommenden Faden als Schlinge (Masche) durch. Die folgenden Maschen in gleicher Weise bilden, siehe Pfeil. Zuletzt die zweite Nadel vorsichtig herausziehen.

Aufstricken von Maschen: Zunächst bildet man eine Anfangsschlinge, die man auf die linke Nadel nimmt. Mit der rechten Nadel holt man

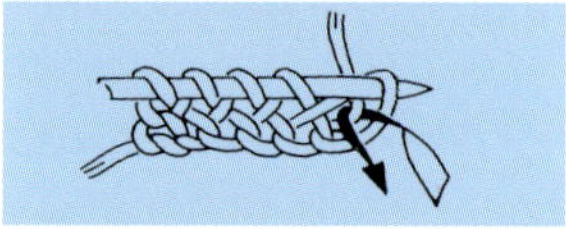

den Arbeitsfaden als Schlinge durch und hebt sie von vorn auf die linke Nadel. Ohne die Nadel aus der Schlinge zu ziehen, wiederholt man den Arbeitsgang so oft, wie Maschen benötigt werden.

Rechtsmasche: Mit der rechten Nadel von vorn in die Masche einstechen

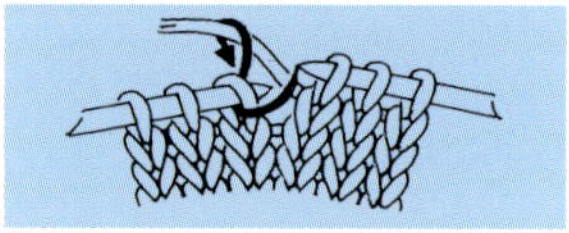

und den Faden in Pfeilrichtung durchholen.

Linksmasche: Den Arbeitsfaden vor die Masche auf der linken Nadel le-

gen und diesen in Pfeilrichtung durchholen.

Zu- und Abnehmen: Für die Zunahmen werden entweder Maschen aus dem Quer-

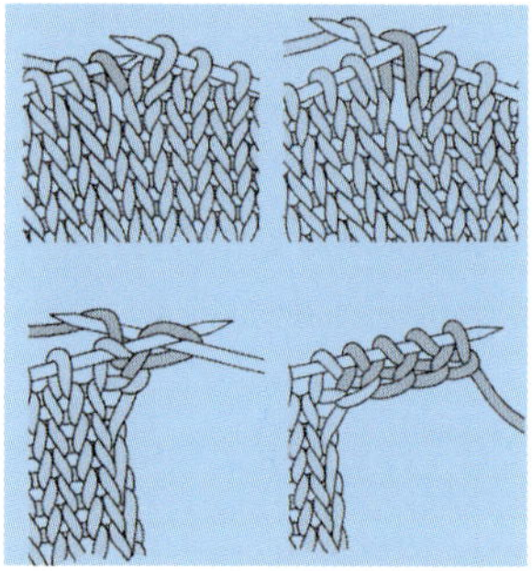

faden zwischen zwei Maschen herausgestrickt oder, wie oben beschrieben, einfach dazu angeschlagen.
Für die Abnahmen werden entweder bei einer einzigen Masche zwei Maschen zusammengestrickt oder bei mehreren

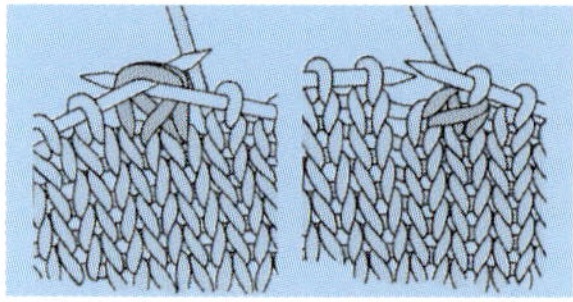

Maschen abgekettet, wie unten beschrieben.

Abketten: Am Ende einer Arbeit werden die Maschen abgekettet, indem

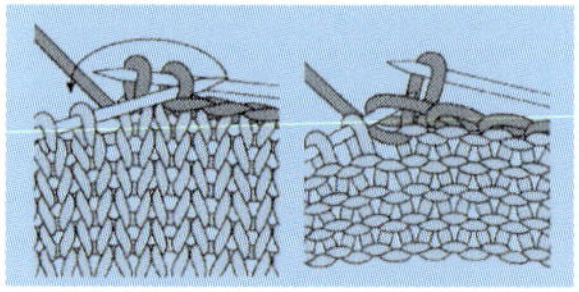

eine Masche gestrickt wird und die vorherige auf der Nadel über die letzte Masche gezogen wird.

Umschlag: Den Faden einmal um die Nadel legen, ohne zu stricken.

Kraus rechts: Hin- und Rückreihen rechte Maschen

Glatt rechts: Hinreihen rechte Maschen, Rückreihen linke Maschen

Grundkurs Häkeln

Anfang

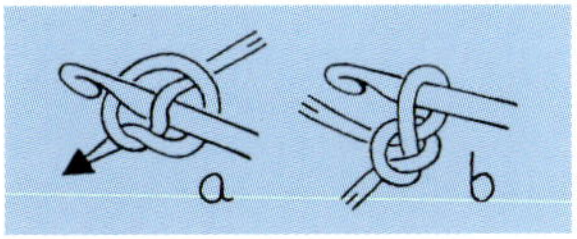

Luftmaschen: Eine Schlinge bilden und den Faden mit der Häkelnadel immer wieder

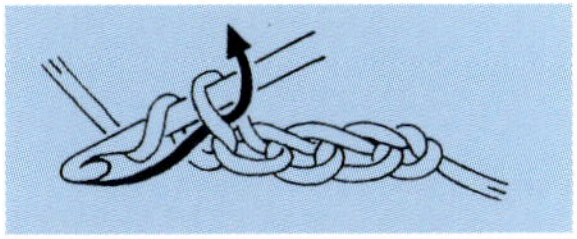

durchziehen, dabei darauf achten, dass die Schlingen nicht zu fest zugezogen werden.

Feste Maschen: In die Masche der Vorreihe einstechen, dabei ein volles Maschenglied auffassen, mit der Häkelnadel den Faden holen und durch

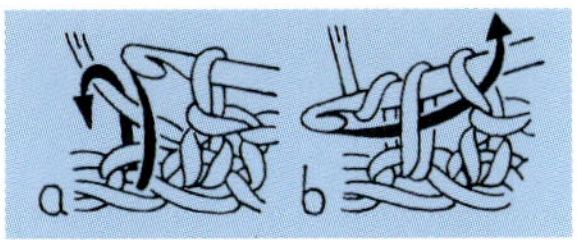

die Masche der Vorreihe ziehen, dann nochmals einen Faden holen und durch beide Maschen ziehen.

Stäbchen: Einen Umschlag um die Häkelnadel legen, in die Masche der Vorreihe einstechen, mit

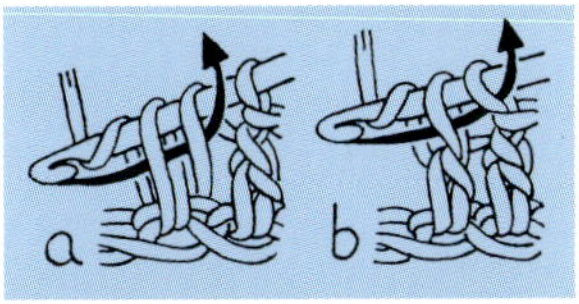

der Häkelnadel den Faden holen und durch das Maschenglied ziehen. Wieder Faden holen
und einmal durch zwei Maschen ziehen, einen neuen Faden holen und nochmals durch zwei Maschen ziehen.

Einstichpunkt in ein volles unteres Maschenglied:

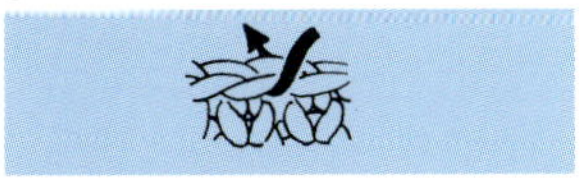

Fertigstellen:
Die Wolle niemals mitten im Strick- oder Häkelstück anknoten, wenn möglich immer bis zum Ende der Reihe arbeiten und hier mit dem neuen Faden beginnen.

Das richtige Zusammennähen macht das Strick- oder Häkelstück erst zu einem tollen Objekt. Die Strickstücke werden am einfachsten von links mit dem Kettstich zusammengehäkelt. Dafür durch beide Teile durchstechen, den Faden holen und durch beide Schlaufen ziehen.

Die Fäden werden verstopft, indem man mit einer Nadel ohne Spitze die Fäden wenn möglich in die Nähte zieht. Damit sie sich nicht wieder herausziehen, die Fäden im Zickzack vernähen.

Größenänderungen:
Sie benötigen eine größere oder kleinere Größe als die in der Anleitung angegebene? Variieren Sie zuerst mit der Nadelstärke: Nehmen Sie eine Nadelstärke kleiner, wird auch der Pulli kleiner, allerdings auch fester im Strickbild. Nehmen Sie eine Nadelstärke größer, wird der Pulli weiter, allerdings auch lockerer. Variieren Sie die Maschenzahl, der Unterschied in Zentimetern beträgt pro Größe etwa 2-3 cm. Messen Sie ab, wie viele Maschen bei Ihrer Maschenprobe 2-3 cm ausmachen und schlagen Sie diese Maschenzahl weniger oder mehr an. Armausschnitte und Halsausschnitte bleiben in der Maschenzahl gleich, die Länge können Sie beliebig verändern. Die Höhe des Armausschnittes reduziert oder erhöht sich um ca. 2 cm pro Größe.

Die Ärmelbreite verändert sich kaum und die Ärmellänge können Sie beliebig verlängern. Das Verhältnis von Länge zu Breite ergibt sich fast automatisch bei den Zunahmen. Wird der Ärmel bei einer kleineren Größe kürzer, wird er auch, da weniger Zunahmen gemacht werden, etwas schmaler.

Blümchenpulli

MATERIAL

- **200 g Samoa-Mouliné von GGH in Pink, 50% Baumwolle, 50% Polyacryl, Lauflänge 95 m**
- **je 50 g Goa von GGH in Orange, Lila, Hellgrün und Grasgrün, 50% Baumwolle, 50% Polyacryl, Lauflänge 60 m**
- **Stricknadeln der Stärke 7**
- **dicke Sticknadel**

Größe 74-80

Maschenprobe
11 Maschen und 16 Reihen im Grundmuster gestrickt mit doppelfädigem Garn ergeben 10 cm im Quadrat

Grundmuster
Glatt rechts

Rückenteil
30 Maschen anschlagen und 20 cm gerade stricken. Für den Halsausschnitt die mittleren 8 Maschen abketten und rechts und links davon 3 x 1 Masche in jeder 2. Reihe abnehmen.

Vorderteil
Wie das Rückenteil bis zu einer Höhe von 18 cm stricken, dann für den Halsausschnitt die mittleren 10 Maschen abketten und rechts und links davon in jeder 2. Reihe 2 x 1 Masche abnehmen. Bis zu einer Höhe von 22 cm gerade hoch stricken.

Ärmel
20 Maschen anschlagen und im Grundmuster stricken. In jeder 6. Reihe 4 x 1 Masche zunehmen, bei einer Höhe von 20 cm locker abketten. Den zweiten Ärmel genauso stricken.

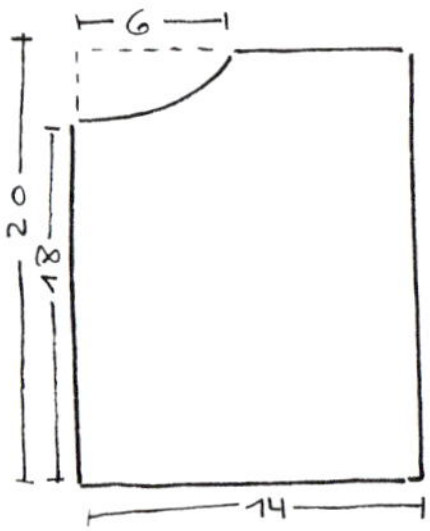

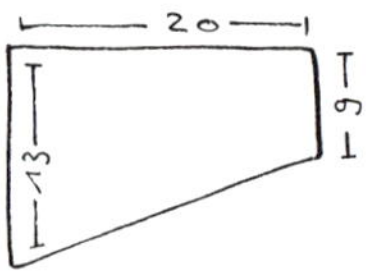

Tipps und Tricks

Margeritenstich
Einzelne Kettstiche strahlenförmig anordnen, so dass eine Blüte entsteht.

Einfacher Langettenstich
Auch Schling- oder Festonstich genannt, wird von links nach rechts gestickt. Am unteren Rand des Stiches ausstechen, schräg nach rechts oben einstechen, dabei den Arbeitsfaden nach rechts zur Schlinge legen, senkrecht unter dem Einstich in Höhe des ersten Ausstichs innerhalb der vorigen Schlinge ausstechen.

Ausarbeiten

Das Vorderteil im Margeritenstich zweifarbig besticken.

Den unteren Saum des Vorder- und Rückenteils mit dem einfachen Langettenstich umstechen.

Die Ärmelkanten ebenfalls mit dem Langettenstich versäubern.

Die Schulternähte schließen und auch den Halsausschnitt mit dem Langettenstich umstechen.

Die Seitennähte bis zum Armausschnitt schließen, die Ärmel zusammennähen und einpassen.

Babys in Top Form

MATERIAL

- **100 g Picknick, Linie 115 von KKK in Multicolor, 100% Polyamid, Lauflänge 70 m**
- **oder 100 g Luna, Linie 136 von KKK in Türkis, 100% Mikrofaser, Lauflänge 70 m**
- **Stricknadeln der Stärke 7**
- **dicke Stopfnadel**
- **2 Blumenknöpfe pro Top**

Größe 68-74

Maschenprobe:
14 Maschen und 22 Reihen ergeben 10 cm im Quadrat

Grundmuster
Kraus rechts

Rückenteil
30 Maschen anschlagen und im Grundmuster 14 cm stricken, dann für die Armausschnitte beidseitig 1 x 3 Maschen abketten und bis zu einer Gesamthöhe von 20 cm gerade arbeiten.
Für den Halsausschnitt die mittleren 10 Maschen abketten und für die Träger die restlichen 7 Maschen über 8 cm stricken.

Vorderteil
Wie das Rückenteil bis zu einer Höhe von 15 cm stricken, locker abketten.

Ausarbeiten
Die Seitenteile zusammennähen und die Träger mit jeweils einem Knopf am Vorderteil befestigen.

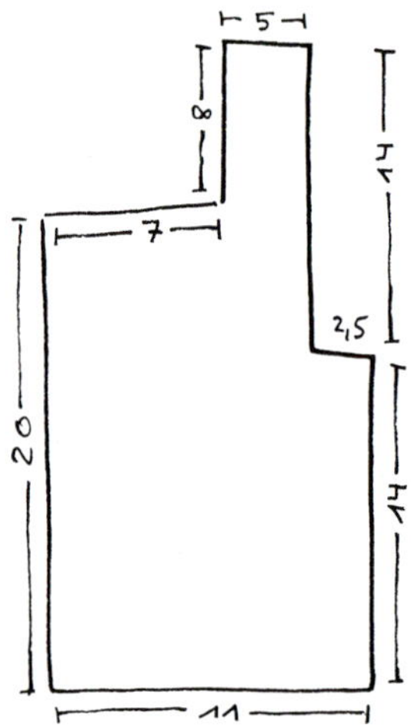

Tipps und Tricks

Aus diesen Tops lässt sich auch ein Kleidchen, wie auf Seite 20 beschrieben, herstellen oder wie im umgekehrten Falle aus dem Kleidchen ein süßes Top mit Herzchen.

Ringelpulli

MATERIAL

- **100 g Ravenna Linie 44 von KKK in Grün und je 50 g in Gelbgrün und Türkis, 50% Baumwolle, 50% Polyacryl, Lauflänge 70 m**
- **Stricknadeln der Stärke 5 und 6**
- **dicke Stopfnadel**

Größe 74-80

Maschenprobe
14 Maschen und 22 Reihen sind 10 cm im Quadrat

Bündchen- und Ärmelmuster
2 Maschen rechts, 2 Maschen links im Wechsel

Grundmuster
Glatt rechts

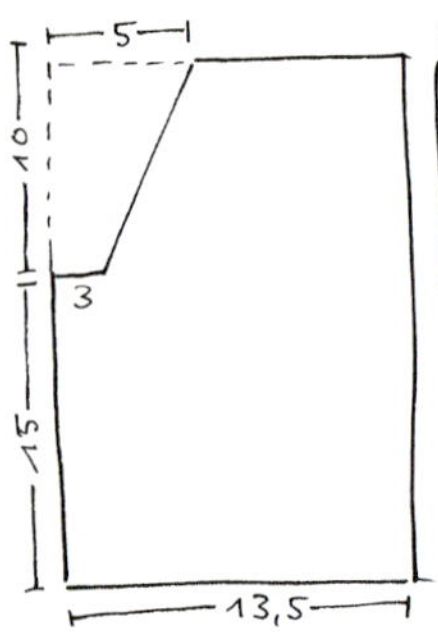

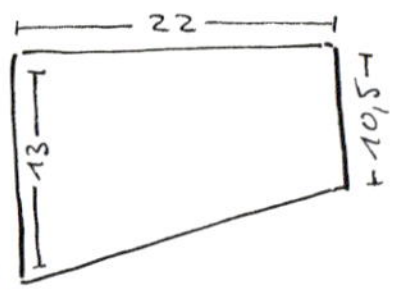

Rückenteil
38 Maschen mit der Stricknadel der Stärke 5 in Grün anschlagen und 4 cm im Bündchenmuster stricken. In der Streifenfolge Türkis, Gelbgrün, Grün im Grundmuster mit der Nadelstärke 6 bis zu einer Gesamthöhe von 25 cm stricken. Locker abketten

Vorderteil
Das Vorderteil bis zu einer Höhe von 15 cm wie den Rücken stricken, dann für den Halsausschnitt die mittleren 8 Maschen abketten und 3 x in jeder 4. Reihe nochmals 1 Masche abnehmen. Bei einer Gesamthöhe von 25 cm locker abketten.

Ärmel
30 Maschen mit der Stricknadel der Stärke 5 anschlagen und im Bündchenmuster 4 cm stricken. Mit der Stricknadel der Stärke 6 im gleichen Muster weiterarbeiten und in jeder 6. Reihe 8 x 1 Masche zunehmen, bis bei einer Ärmellänge von 22 cm 46 Maschen auf der Nadel sind.
Den zweiten Ärmel genauso stricken.

Ausarbeiten
Schulternähte schließen und mit der Stricknadel der Stärke 5 die Maschen des Halsausschnittes aufnehmen, dabei die mittleren 8 Maschen auslassen. Im Bündchenmuster 6 cm stricken und locker abketten.
Den Schalkragen einnähen, die Seitennähte bis zum Armausschnitt schließen, die Ärmel zusammennähen und einfügen.

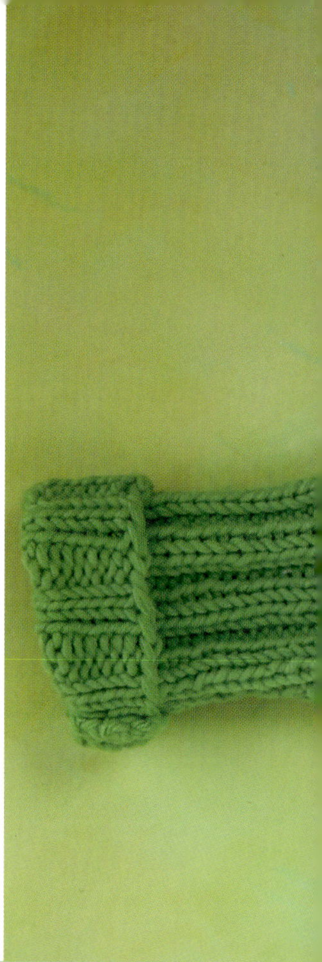

Fürs winterfeste Baby

MATERIAL

- **100 g Fun, Linie 133 von KKK in Pink und 50 g in Grau, 75% Polyacryl, 25% Schurwolle, Lauflänge 55 m**
- **50 g Savanna in Natur, 43% Alpaka, 53% Leinen, 19% Schurwolle, 15% Polyamid**
- **Stricknadeln der Stärke 7**
- **Häkelnadel der Stärke 5**
- **Nadelspiel der Stärke 5**
- **Rundstricknadel der Stärke 6, 60 cm lang**

Schal

14 Maschen mit der Stricknadel der Stärke 7 anschlagen und nach der Randmasche im unten beschriebenen Muster arbeiten.
Bei einer Länge von 70 cm abketten.

Mütze

Mit der Häkelnadel der Stärke 5 in Pink einen Luftmaschenring von 3 Luftmaschen arbeiten, und 12 Stäbchen in den Ring platzieren.
In Runden mit festen Maschen weiterarbeiten, dabei in der 1. Runde in jedes Stäbchen der Vorrunde 2 feste Maschen häkeln.
Die Zunahmen im folgendem Rhythmus arbeiten: Jede 2. feste Masche verdoppeln, dann jede 3., jede 4. usw., bis der Kopfumfang erreicht ist.
Sollte sich die Mütze wellen, 1 oder 2 Runden ohne Zunahmen arbeiten.
Nach Erreichen des Kopfumfangs 4–5 cm, je nach Größe, gerade häkeln.
Mit der Rundstricknadel der Stärke 6 die Maschen der Mütze aufnehmen und 8 cm mit naturfarbenem Garn rechts stricken, locker abketten.
Bis auf 13 cm die Maschen der Mütze in Natur nochmals aufnehmen und für die Ohrwärmer in Grau 7 cm glatt rechts stricken, dann locker abketten.
Die Ränder der Ohrwärmer in Pink mit festen Maschen umhäkeln.

Handschuhe

16 Maschen mit dem Nadelspiel der Stärke 5 in Natur anschlagen, die Maschen gleichmäßig auf vier Nadeln des Nadelspiels verteilen und 3 cm glatt rechts stricken. In Pink bis zu einer Gesamthöhe von 10 cm weiterarbeiten, dabei für die Spitze die Maschen nicht abketten, sondern mit einem Faden zusammenziehen.
Den zweiten Handschuh ebenso stricken.
Mit doppeltem Faden und der Häkelnadel der Stärke 5 eine ca. 60 cm lange Luftmaschenschnur häkeln.
Die Luftmaschenschnur an die Handschuhe nähen.

Schalmuster

1.-3. Reihe: 3 Maschen rechts, 3 Maschen links im Wechsel

4.-6. Reihe: 3 Maschen links, 3 Maschen rechts im Wechsel, wobei die rechten Maschen auf die linken Maschen der Vorreihe platziert werden.

Der Zopfpulli

MATERIAL

- **100 g Travertino von GGH in Schwarz-Weiß meliert, 87% Schurwolle, 13% Polyamid, Lauflänge 90 m**
- **Stricknadeln der Stärke 6 und 7**
- **Zopfnadel**
- **3 kleine eckige Knöpfe**
- **dicke Stopfnadel**

Größe 74-80

Maschenprobe
10 Maschen und 17 Reihen ergeben 10 cm im Quadrat

Rückenteil
31 Maschen mit der Stricknadel der Stärke 6 anschlagen und im Bündchenmuster 3 cm stricken.
Glatt rechts mit der Stricknadel der Stärke 7 weiterarbeiten, bei einer Gesamthöhe von 25 cm locker abketten.

Vorderteil
Wie das Rückenteil beginnen, nach dem Bündchenmuster die Maschen wie folgt aufteilen: 3 Maschen rechts, 2 Maschen links, 4 Maschen rechts, 2 Maschen links, 9 Maschen rechts, 2 Maschen links, 4 Maschen rechts, 2 Maschen links, 3 Maschen rechts.
In der 1. Reihe die Maschen für den Zopf um 2 Maschen vermehren, da sich der Zopf so stark zusammenzieht.
Die Zöpfe wie unten beschrieben arbeiten.
Bei einer Höhe von 23 cm für den Halsausschnitt die mittleren 9 Maschen und beidseitig davon 2 x 1 Masche abketten.

Ärmel
21 Maschen mit der Stricknadel der Stärke 6 anschlagen und im Bündchenmuster 3 cm stricken.
Glatt rechts mit der Stricknadel der Stärke 7 weiterarbeiten, dabei für die Ärmelschräge beidseitig in jeder 4. Reihe 4 x 1 Masche zunehmen.
Bei einer Ärmellänge von 21 cm locker abketten.

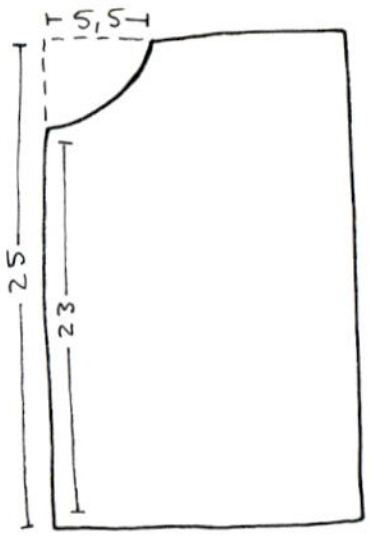

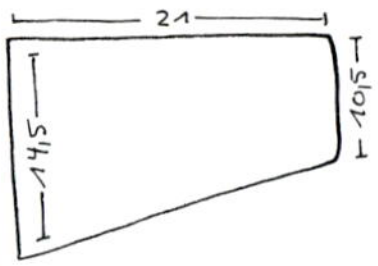

Muster

Bündchenmuster
1 Masche rechts, 1 Masche links im Wechsel

Zopfmuster
1 Randmasche, 2 Maschen links, 6 Maschen rechts, 2 Maschen links, über 5 Reihen stricken. In der 6. Reihe nach der Randmasche und den 2 Maschen links die ersten 3 Maschen rechts auf eine Hilfsnadel nehmen, vor die Arbeit legen, die nächsten 3 Maschen rechts stricken, dann die Maschen von der Hilfsnadel stricken. Die Verzopfung nach jeweils 6 Reihen wiederholen.

Ausarbeiten

Eine Schulternaht schließen, die Maschen der 2. Schulternaht am Vorderteil aufnehmen und 3 cm im Bündchenmuster stricken, auf halber Höhe in gleichmäßigem Abstand 2 Knopflöcher einarbeiten, indem 2 Maschen zusammengestrickt und ein Umschlag gestrickt wird.

Die Maschen des Halsausschnitts auffassen und nochmals 3 cm im Bündchenmuster arbeiten, ein 3. Knopfloch auf entsprechender Höhe einarbeiten.

Die Seitennähte bis zum Armausschnitt schließen, die Ärmel zusammennähen und einfügen.

Leichte Mützchen

MATERIAL

- **je 50 g Ravenna Linie 44 von KKK in Gelbgrün, Türkis und Orange, 50% Baumwolle, 50% Polyacryl, Lauflänge 70m**
- **Häkelnadel der Stärke 5**

Mütze in Gelbgrün
In einen Luftmaschenring von 3 Maschen 12 Stäbchen häkeln, schließen und mit 4 Luftmaschen und 1 festen Masche weiterarbeiten, jeweils 1 Masche auslassen.
Mit 3 Luftmaschen wenden, jeweils 1 feste Masche in den Bogen platzieren, wieder 3 Luftmaschen häkeln und die feste Masche in die feste Masche der Vorreihe arbeiten; fortlaufend wiederholen.
In den folgenden Runden die Luftmaschenanzahl um jeweils 1 Masche erhöhen und die festen Maschen immer in die Bögen arbeiten. So wird der Kopfumfang variiert.
Die Abschlusskante besteht aus: 1 festen Masche in den Bogen gearbeitet, 2 Luftmaschen und 1 festen Masche in die feste Masche der Vorreihe gehäkelt.
In der nächsten Runde werden 5 Stäbchen in 1 feste Masche und 1 feste Masche in die feste Masche der Vorreihe gearbeitet.

Mütze in Türkis
In einen Luftmaschenring von 3 Maschen 15 Stäbchen häkeln.
Mit 3 Luftmaschen die nächste Runde beginnen. Jeweils 2 Stäbchen zwischen die Stäbchen der Vorreihe platzieren.
In den folgenden Runden werden die Zunahmen durch ein Vermehren der Luftmaschen getätigt, also zuerst 2 Stäbchen und 1 Luftmasche, dann 2 Stäbchen in die Zwischenräume und 2 Luftmaschen, dann 2 Stäbchen in die Zwischenräume und 3 Luftmaschen usw. bis zur gewünschten Breite.
2-3 Runden ohne Zunahmen arbeiten.
Die letzte Runde besteht aus 3 Stäbchen (bei größeren Mützen 4 Stäbchen) die in die Zwischenräume gehäkelt werden. Das gibt einen festeren Abschluss.

Mütze in Orange
In einen Luftmaschenring von 3 Maschen 15 Stäbchen häkeln, mit 4 Luftmaschen wenden und 1 feste Masche und 4 Luftmaschen häkeln, dabei aber nur 1 Masche überspringen.
In der nächsten Runde 1 feste Masche und 5 Luftmaschen häkeln, wobei die festen Maschen in den Bogen der Vorreihe platziert werden.
Dann werden jeweils 5 Stäbchen in die Bögen der Vorreihe gehäkelt.
Nun wieder eine Bogenreihe arbeiten, indem 3 Luftmaschen und 1 feste Masche gehäkelt werden, dabei immer 1 Masche beim Einstechen überspringen.
Wieder eine Bogenreihe häkeln, bestehend aus 1 festen Masche, die in

die Bögen der Vorreihe platziert wird, dann 5 Luftmaschen.
In die Bögen der Vorreihe 5 Stäbchen häkeln, dann 1 feste Masche in den nächsten Bogen platzieren, fortlaufend wiederholen.
Die nächsten 6 Runden werden gleich gehäkelt, zwischen der 3. und 4. Masche der Stäbchen einstechen und 3 Stäbchen häkeln, 3 Luftmaschen und 1 feste Masche, mit 3 Luftmaschen fortfahren und wiederum 3 Stäbchen arbeiten.
Die Stäbchen und die festen Maschen werden immer aufeinander gearbeitet.

Schuhparade

MATERIAL

- **je 50 g Ravenna Linie 44 von KKK in Grasgrün, Apricot, Lila, Pink und Orange, 50% Baumwolle, 50% Polyacryl, Lauflänge 70 m**
- **Stricknadeln der Stärke 6**
- **je 2 Blumenknöpfe**

13 Maschen anschlagen und 1 Masche rechts, 1 Masche links im Wechsel über 9 cm stricken. In kraus rechts über 4,5 cm weiterarbeiten. Locker abketten.

Ausarbeiten
Längs zusammenlegen und die Anschlagkante für die Hacke zusammennähen.
An der Abkettelseite die Ecken zur Mitte einklappen und als Spitze fest zusammennähen.
Die Kanten des kraus rechts Gestrickten bis zum Musterwechsel ebenfalls zusammennähen.

Tipps und Tricks

Die Schühchen sehen besonders hübsch aus, wenn sie mit Blümchen, Pompons oder Knöpfen verziert werden. Die Größen sind einfach zu variieren, indem man die Maschenzahl erhöht und die Schühchen länger strickt. Die Maschenzahl sollte jedoch ungerade sein, damit das 1 rechts, 1 links Muster aufgeht. Das Verhältnis der beiden Muster ist immer etwa 1/3 zu 2/3. (Auch als Hüttenschuh für Erwachsene geeignet).

Babys erstes Kleidchen

MATERIAL

- **100 g Ravenna Linie 44 von KKK in Pink und 50 g in Orange, 50% Baumwolle, 50% Polyacryl, Lauflänge 70 m**
- **Stricknadeln der Stärke 5,5**
- **Häkelnadel der Stärke 5**
- **dicke Sticknadel**
- **2 farblich passende Knöpfe**

Größe 74-80

Maschenprobe:
14 Maschen und 23 Reihen ergeben 10 cm im Quadrat

Rückenteil
50 Maschen mit der Stricknadel anschlagen und im Grundmuster arbeiten, dabei in jeder 8. Reihe 6 x 1 Masche abnehmen.
Bei einer Höhe von 22 cm für den Armausschnitt beidseitig 1 x 5 Maschen abketten.
Weitere 8 cm gerade hochstricken und für den Halsausschnitt die mittleren 10 Maschen abketten.
Die übrigen Maschen für die Träger noch jeweils 10 cm weiterstricken.

Vorderteil
Bis zu einer Höhe von 18 cm wie das Rückenteil stricken, dann das Herz laut Schemazeichnung glatt rechts einstricken.
Bei einer Gesamthöhe von 29 cm das Vorderteil locker abketten.

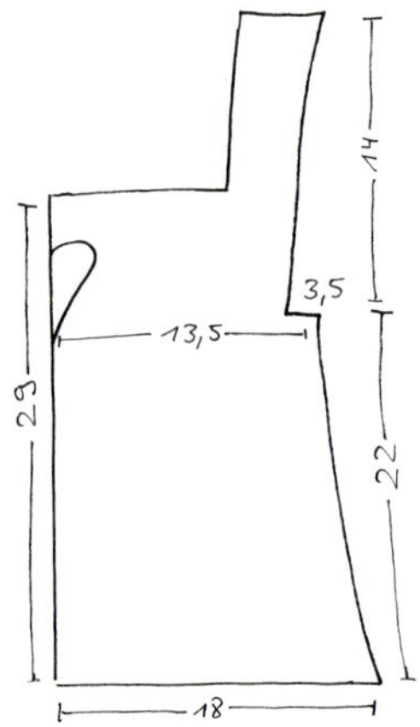

Ausarbeiten
Das Herz in Orange im Kettstich umranden.
Nun die Seitennähte schließen und Arm-, Halsausschnitt und Träger mit festen Maschen in Orange umhäkeln.
Den Saum ebenfalls zuerst mit einer Reihe fester Maschen umhäkeln, anschließend 5 Stäbchen in 1 Masche platzieren, 2 Maschen überspringen, 1 feste Masche häkeln, wiederum 2 Maschen überspringen und 5 Stäbchen in 1 Masche häkeln; fortlaufend wiederholen.
Die Träger umklappen und mit 2 Knöpfen fixieren.

Grundmuster

Perlmuster
1. Reihe: 1 Masche links, 1 Masche rechts im Wechsel.

2. Reihe: 1 Masche rechts, 1 Masche links im Wechsel, wobei die rechten Maschen über den linken der Vorreihe platziert werden.

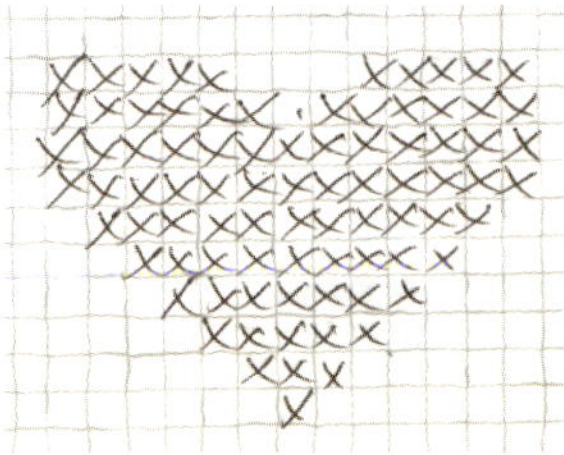

Pulli in Lila

MATERIAL

- **150 g Ravenna Linie 44 von KKK in Lila, 50% Baumwolle, 50% Polyacryl, Lauflänge 70 m**
- **Stricknadeln der Stärke 5,5**
- **Häkelnadel der Stärke 5**
- **dicke Sticknadel**

Größe 74-80

Maschenprobe
14 Maschen und 23 Reihen ergeben 10 cm im Quadrat

Rückenteil
Mit der Stricknadel 36 Maschen anschlagen und bis zu einer Höhe von 17 cm glatt rechts gerade hochstricken.
Locker abketten.

Vorderteil
Bis zu einer Höhe von 9 cm wie das Rückenteil stricken.
Nun die Arbeit teilen und 6 cm bis zum Halsausschnitt getrennt stricken.
Für den Halsausschnitt 1 x 3 und 3 x 1 Masche abnehmen. Die zweite Seite ebenso fertig stellen.

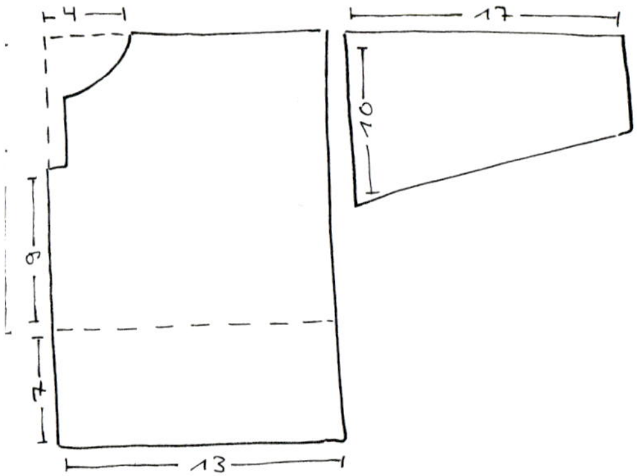

Häkelmuster

1. Reihe: 3 Stäbchen, 1 Luftmasche, 1 feste Masche, dabei 1 Masche überspringen, 1 Luftmasche und wieder mit 3 Stäbchen beginnen.

2. Reihe: Das Muster wiederholt sich in der nächsten Reihe, wobei die 3 Stäbchen in das mittlere Stäbchen der Vorreihe platziert und die festen Maschen übereinander gehäkelt werden.

Ärmel und Ausarbeiten
Die Schulternähte des Vorder- und Rückenteils schließen. Die Ärmel werden direkt angehäkelt.

10 cm unterhalb der Schulternaht beginnen und die Ärmel ohne Zu- und Abnahmen über 17 cm im Häkelmuster arbeiten.

Die Seiten- und Ärmelnähte schließen und für den Volant im Häkelmuster in Runden 7 cm an den Saum des Vorder- und Rückenteils häkeln.

Zum Schluss den Halsausschnitt noch mit einer Reihe im Häkelmuster umranden.

Wärmflaschenüberzug

MATERIAL

- **100 g Fiesta von GGH in Hellblau und Gelbgrün, 100% Polyester, 90 m**
- **Stricknadeln der Stärke 5**
- **Rundstricknadel der Stärke 5, 60 cm**
- **dicke Stopfnadel**
- **eine Wärmflasche**

Maschenprobe
18 Maschen und 25 Reihen sind 10 cm im Quadrat

Mit der Stricknadel 20 Maschen anschlagen und im Grund- oder Perlmuster stricken. Gleichzeitig rechts und links in jeder 2. Reihe 10 x 1 Masche zunehmen.

Bis zu einer Gesamthöhe von 27 cm gerade stricken, dann in jeder 2. Reihe 8 x 1 Masche abnehmen.
Die übrigen Maschen auf der Rundstricknadel stilllegen.

Das zweite Teil genauso stricken.
Die Seitennähte schließen und die stillgelegten Maschen zusammen auf die Rundstricknadel nehmen und 8 cm im Bündchenmuster stricken.
Locker abketten.

Muster

Perlmuster
1. Reihe: 1 Masche rechts, 1 Masche links im Wechsel.
2. Reihe: 1 Masche links, 1 Masche rechts im Wechsel, wobei die rechten Maschen auf die linken Maschen der Vorreihe gestrickt werden.

Bündchenmuster
1 Masche links, 1 Masche rechts im Wechsel.

Kuscheldecke

MATERIAL

- **500 g Fun Linie 133 von KKK in Graumeliert, 75% Polyacryl, 25% Schurwolle, Lauflänge 55 m**
- **100 g Ravenna Linie 44 von KKK in Hellblau, 50% Baumwolle, 50% Polyacryl, Lauflänge 70 m**
- **Stricknadeln der Stärke 8**
- **Häkelnadel der Stärke 6**
- **dicke Stopfnadel**

Grundmuster

1.-6. Reihe: 4 Maschen rechts, 4 Maschen links im Wechsel.
7.-12. Reihe: ebenfalls 4 Maschen rechts, 4 links im Wechsel, aber die rechten Maschen über die linken platzieren, ebenfalls über 6 Reihen; fortlaufend wiederholen.

82 Maschen mit der Stricknadel der Stärke 8 anschlagen und im Grundmuster stricken, bis die Decke quadratisch ist. Locker abketten.
Für das Kopfteil 42 Maschen anschlagen und ebenfalls im Grundmuster stricken. In jeder 2. Reihe beidseitig 1 Masche abnehmen, bis keine Maschen mehr auf der Nadel sind.

Ausarbeiten

Zuerst die Längskante des Kopfteils in Hellblau mit folgendem Muster umhäkeln: 5 Stäbchen in die gleiche Einstichstelle, 1 feste Masche und wieder 5 Stäbchen in eine Einstichstelle, so dass kleine Fächer entstehen. Im gleichen Muster die gesamte Decke umhäkeln und dabei das Kopfteil mit einfassen.

Wintersäckchen

MATERIAL

- **200 g Travertino von GGH in Rot-Orange-Tönen, 87% Schurwolle, 13% Polyamid, Lauflänge 90 m**
- **Stricknadeln der Stärke 7 und 9**
- **dicke Stopfnadel**
- **2 Blumenknöpfe in Rot und 2 in Orange**

Größe 68

Maschenprobe
11 Maschen und 19 Reihen ergeben 10 cm im Quadrat

Bündchenmuster
1 Masche links, 1 Masche rechts im Wechsel

Grundmuster
Glatt rechts

Vorder- und Rückenteil
Das Vorder- und Rückenteil wird in einem Stück gestrickt. Dazu 46 Maschen mit der Stricknadel der Stärke 9 anschlagen und 33 cm gerade stricken.
Das Strickstück in je 12 Maschen für die Vorderteile und 22 Maschen für das Rückenteil teilen.
Das Rückenteil 13 cm gerade hochstricken und locker abketten.
Die Vorderteile 10 cm hochstricken, dann für den Halsausschnitt in jeder 2. Reihe 1 x 2 und 3 x 1 Masche abnehmen.

Ärmel
21 Maschen mit der Stricknadel der Stärke 7 anschlagen und 4 cm im Bündchenmuster stricken.
Mit der Stricknadel der Stärke 9 im Grundmuster weiterarbeiten, dabei in jeder 4. Reihe rechts und links 4 x 1 Masche zunehmen.
Den zweiten Ärmel genauso stricken.

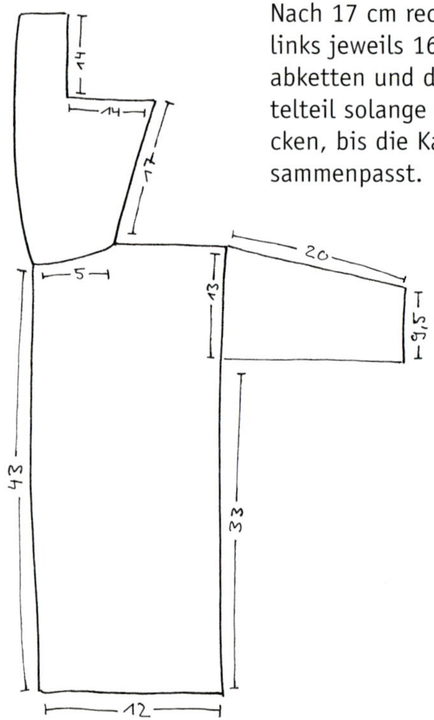

Kapuze
Die Schulternähte schließen.
Mit der Stricknadel der Stärke 9 die Halsausschnittmaschen aufnehmen und im Grundmuster bis zu einer Höhe von 17 cm stricken, dabei auf Höhe der Schultern in jeder 4. Reihe jeweils 4 x 2 Maschen aus dem Querfaden herausstricken.
Nach 17 cm rechts und links jeweils 16 Maschen abketten und das Mittelteil solange weiterstricken, bis die Kapuze zusammenpasst.

Ausarbeiten

Die Ärmel zusammennähen und ins Armloch einpassen.

Das Mittelteil der Kapuze an die Seitenteile nähen.

Die Maschen der vorderen Kanten, auch an der Kapuze entlang, auffassen und im Bündchenmuster 1,5 cm stricken.

Die 4 Knopflöcher auf der einen Seite der vorderen Seite einarbeiten, indem ein Umschlag und 2 Maschen in einem Abstand von 5 cm zusammengestrickt werden.

Die untere Kante des Säckchens schließen und die Blümchenknöpfe annähen.

Der Flauschige mit Kapuze

MATERIAL

- **200 g Fiesta-Color in Pfirsich, 100% Polyester, Lauflänge 90 m**
- **Stricknadeln der Stärke 6**
- **dicke Stopfnadel**

Größe 74

Maschenprobe
15 Maschen und 25 Reihen ergeben 10 cm im Quadrat

Grundmuster
Glatt rechts

Rückenteil
40 Maschen mit doppeltem Faden anschlagen und 23 cm gerade stricken.
Locker abketten.

Vorderteil
Bis zu einer Höhe von 18 cm wie den Rücken stricken, dann für den Halsausschnitt die mittleren 10 Maschen abketten und rechts und links davon 1 x 2 und 3 x 1 Masche abnehmen.

Ärmel
25 Maschen anschlagen und 21 cm im Grundmuster stricken, dabei für die Ärmelschräge in jeder 4. Reihe 3 x 1 Masche zunehmen.
Den zweiten Ärmel genauso stricken.

Kapuze mit Schal
Für den Schal 10 Maschen aus der Halsausschnittschräge herausstricken und über 33 cm glatt rechts arbeiten.
Die zweite Seite ebenso arbeiten.
Für die Kapuze 10 Maschen aus der Seitenkante des Schals herausstricken, dann die Maschen des rückwärtigen Halsausschnittes aufnehmen und auf der anderen Seite nochmals 10 Maschen aus der Kante des Schals herausstricken.
Die Kapuze im Grundmuster über 23 cm stricken.
Locker abketten.

Ausarbeiten
Die Seitennähte bis zum Armausschnitt schließen, die Ärmel zusammennähen und einpassen.
Die Kapuze an der Abkettelnaht zusammennähen.

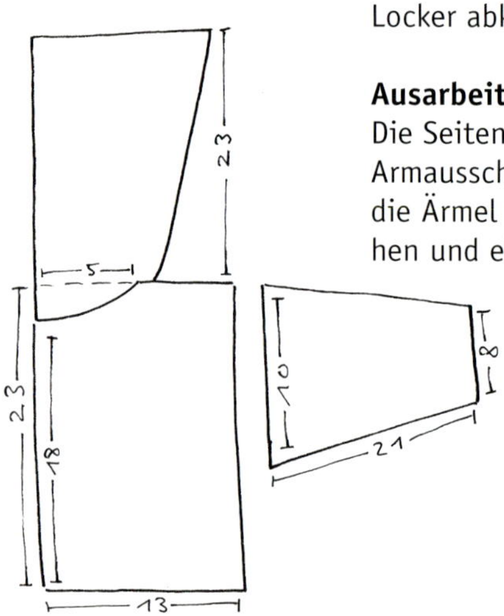

Quaste

Für die Quasten an den Ecken die Wolle längs um ein Taschenbuch wickeln. An einer Seite aufschneiden und an der anderen umwickeln und festnähen. Die Quaste in die richtige Länge bringen und an die Kapuze nähen.

Matrosenpulli

MATERIAL

- **150 g Domino von GGH in Blau-Weiß, 51% Baumwolle, 33% Polyacryl, 16% Viskose, Lauflänge 125 m**
- **Stricknadeln der Stärke 5**
- **dicke Stopfnadel**

Größe 74-80

Maschenprobe
12 Maschen und 20 Reihen ergeben 10 cm im Quadrat

Rückenteil
34 Maschen anschlagen und im Grundmuster bis zu einer Höhe von 25 cm stricken.
Locker abketten.

Vorderteil
Bis zu einer Höhe von 14 cm wie das Rückenteil stricken.
Dann für den Matrosenkragen das Vorderteil teilen und über die Mitte hinaus von beiden Seiten 4 Maschen mehr stricken, damit der Kragen überlappt.
Bei gleicher Höhe wie das Rückenteil beidseitig 13 Maschen für die Schulter abketten, die restlichen Maschen für den Kragen auf der Nadel lassen.

Ärmel
22 Maschen anschlagen und im Grundmuster 21 cm stricken.
Dabei für die Ärmelschräge 6 x 1 Masche zunehmen. Locker abketten.
Zweiten Ärmel genauso stricken.

Ausarbeiten
Die Schulternähte schließen und den Kragen wie folgt stricken: Die Maschen der einen Vorderseite auf der Nadel lassen, die Maschen des rückwärtigen Ausschnittes dazustricken und die Maschen der anderen Vorderteilseite auf die gleiche Nadel nehmen.
Nun im Grundmuster den ganzen Kragen über drei Musterrapporte stricken und locker abketten.
Die Seitennähte bis zum Armausschnitt schließen, die Ärmel zusammennähen und einpassen.

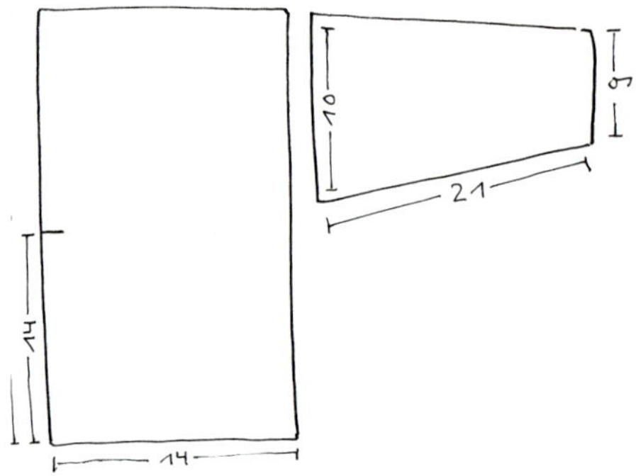

Grundmuster

1.-6. Reihe: 4 Maschen links, 4 Maschen rechts im Wechsel

7.-12. Reihe: 4 Maschen rechts, 4 Maschen links im Wechsel, wobei die rechten Maschen über den linken Maschen platziert werden und umgekehrt

Der kleine Melierte

MATERIAL

- **200 g Cicada Linie 139 von KKK in Gelb-Grün, 90% Microfaser, 10% Baumwolle, Lauflänge 85 m**
- **Stricknadeln der Stärke 8**
- **Häkelnadel der Stärke 6**
- **dicke Stopfnadel**
- **3 kleine gelbe Knöpfe**

Größe 74-80

Maschenprobe
10 Maschen und 16 Reihen ergeben 10 cm im Quadrat

Grundmuster
Glatt rechts

Rückenteil
Mit der Stricknadel 25 Maschen mit doppeltem Faden anschlagen und 22 cm gerade hochstricken. Locker abketten.

Vorderteil
Bis zu einer Höhe von 18 cm wie das Rückenteil stricken.
Nun für den Halsausschnitt die mittleren 8 und beidseitig davon 3 x 1 Masche abnehmen.
Die Maschen für die Schultern locker abketten.

Ärmel
Mit der Stricknadel 18 Maschen mit doppeltem Faden anschlagen und im Grundmuster stricken.
Für die Ärmelschräge 4 x 1 Masche zunehmen und bei einer Höhe von 20 cm locker abketten.

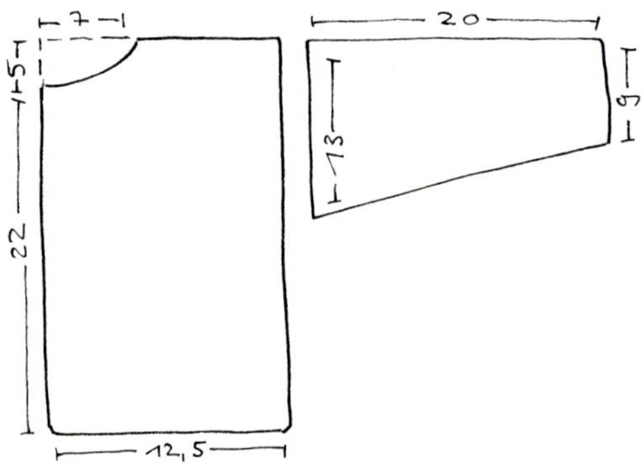

Ausarbeiten
Eine Schulternaht schließen, dann die Halsausschnittkante und die zweite Schulter mit festen Maschen umhäkeln, dabei auf der Vorderseite der Schulter 3 Schlaufen in Form von 3 Luftmaschenbögen arbeiten.
Die Seitennähte bis zum Armausschnitt schließen.
Die Ärmel am unteren Saum mit der Häkelnadel im Bogenmuster wie folgt umhäkeln: 1 feste Masche, 7 Luftmaschen, 1 Masche überspringen und wieder mit 1 festen Masche beginnen.
Die Ärmelnähte schließen und die Ärmel einpassen.
Den unteren Saum im gleichen Muster wie die Ärmelbündchen umhäkeln.
Zum Schluss die Knöpfe annähen.

Für den kleinen Hippie

MATERIAL

- **50 g Goa von GGH in den Farben Hellgrün, Orange, Türkis, Pink und Apricot, 50% Baumwolle, 50% Polyacryl, Lauflänge 60 m**
- **Häkelnadel der Stärke 5**
- **2 gelbe Knöpfe**
- **dicke Stopfnadel**

Größe 62-68

Rückenteil

In einen Luftmaschenring von 5 Luftmaschen in Hellgrün 13 Stäbchen arbeiten. In Orange 2 Stäbchen, 3 Stäbchen in 1 Masche (das werden die Ecken), 2 Stäbchen und wiederum 3 Stäbchen in 1 Masche häkeln, fortfahren bis zum Ende der Runde.
Die nächste Runde in Türkis arbeiten, dabei in das mittlere Eckstäbchen 3 Stäbchen platzieren und die Geraden mit 1 Stäbchen und 1 Luftmasche füllen.
In Pink weiterhäkeln, in die mittlere Eckmasche der Vorreihe 3 Stäbchen platzieren, eine Luftmasche arbeiten und das nächste Stäbchen in die nächste Masche setzen. 2 Luftmaschen häkeln und 2 Stäbchen zwischen die Stäbchen der Vorreihe platzieren, wiederum 2 Luftmaschen häkeln und nochmals 2 Stäbchen. Dann die nächste Ecke arbeiten.
Die nächste Runde wird in Hellgrün gehäkelt und besteht aus 3 Stäbchen in der mittleren Eckmasche der Vorreihe, 1 Luftmasche, 1 Stäbchen, 2 Luftmaschen, 3 Stäbchen, 2 Luftmaschen, 1 Stäbchen, 2 Luftmaschen, 3 Stäbchen, 1 Luftmasche, 1 Stäbchen und wiederum den 3 Eckstäbchen. Wiederholen bis die Runde zu Ende ist.
Die letzte Runde wird in Apricot gehäkelt und besteht aus 3 Stäbchen, 1 Luftmasche, fortlaufend.

Vorderteil

Das Vorderteil so wie das Rückenteil häkeln.

Ausarbeiten

An einer Längsseite 19 feste Maschen über 5 cm häkeln und das 2. Teil durch Annähen verbinden. Die 2. Seite ebenso arbeiten. Für den Träger 6 Stäbchen über 15 cm häkeln und am Rückenteil entsprechend annähen. Den 2. Träger genauso arbeiten und die Träger am Vorderteil mit Knöpfen fixieren.

Babykopftuch mit Bommeln in Orange

MATERIAL

- **je 50 g Scarlett von GGH in Hellgrün, Türkis, Orange und Gelb, 100% Baumwolle, Lauflänge 110 m**
- **Häkelnadel der Stärke 3,5**
- **dicke Stopfnadel**

131 Luftmaschen in Hellgrün anschlagen und im Muster 1 Stäbchen, 1 Luftmasche, 1 Masche überspringen, häkeln.
In der 2. Reihe in Türkis mit einem Abstand von 13 cm im Muster 1 Stäbchen, 1 Luftmasche häkeln, wobei die Stäbchen auf die Stäbchen der Vorreihe platziert werden.
Am Ende wiederum 13 cm auslassen. In Gelb weiterarbeiten und jede Reihe um je 1 Kästchen am Anfang und Ende verringern.
Für die Bommeln in einen Luftmaschenring von 3 Luftmaschen, 8 Stäbchen häkeln.
In der nächsten Runde halbe Stäbchen auf den Stäbchen der Vorreihe platzieren, dabei den Faden nicht ganz durchziehen, sondern auf der Nadel sammeln und zum Schluss durch alle Maschen ziehen.
Die Bommeln mit einem geflochtenem Band gleichmäßig am Kopftuch befestigen.

Der gestrickte Anorak mit Kapuze

MATERIAL

- **150 g Travertino von GGH in Türkis meliert, 87% Schurwolle, 13% Polyamid, Lauflänge 90 m**
- **Stricknadeln der Stärke 7**
- **Häkelnadel der Stärke 5**
- **dicke Sticknadel**

Größe 74-80

Maschenprobe
11 Maschen und 19 Reihen sind 10 cm im Quadrat

Grundmuster
Glatt rechts, wobei die „glatte“ Seite am Ende innen ist.

Rückenteil
Mit der Stricknadel 30 Maschen anschlagen und im Grundmuster 27 cm gerade hochstricken, locker abketten.

Vorderteil
Mit der Stricknadel 17 Maschen anschlagen und bis zu einer Höhe von 21 cm stricken, dann für den Halsausschnitt 1 x 7, 1 x 2 und 1 x 1 Masche abketten.
Bis zur Höhe von 27 cm stricken und die Schulter locker abketten.

Ärmel
Mit der Stricknadel 22 Maschen anschlagen und im Grundmuster arbeiten. Für die Ärmelschräge in jeder 6. Reihe 6 x 1 Masche zunehmen.
Bei einer Höhe von 20 cm locker abketten.
Den zweiten Ärmel genauso stricken.

Kapuze
45 Maschen anschlagen und bis zu einer Höhe von 23 cm gerade stricken, locker abketten.

Ausarbeiten
Die Ärmel am unteren Saum mit der Häkelnadel in festen Maschen 2 x umhäkeln, wobei der Faden vor dem ersten Durchziehen als Schlaufe um den Finger gelegt wird.
Die Ärmelnähte schließen, die Schulternähte schließen, die Kapuze ins Halsloch nähen und wie beim Ärmel beschrieben in einem Stück die Säume, vordere Kanten und die Kapuze umhäkeln. Zum Schluss die Ärmel einpassen.

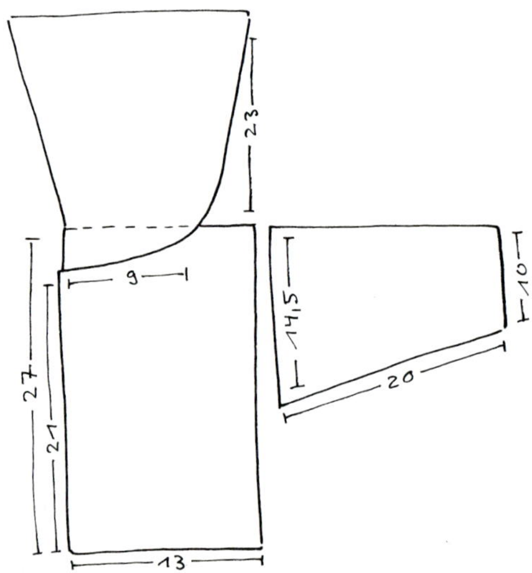

Der Noppige

MATERIAL

- **100 g Savanna, in Natur, 43% Alpaka, 23% Leinen, 19% Schurwolle, 15% Polyamid, Lauflänge 80 m**
- **100 g Iceland in Rot-Weiß, 55% Schurwolle, 35% Polyacryl, 10% Polyamid, Lauflänge 60 m**
- **Stricknadeln der Stärke 6**
- **Häkelnadel der Stärke 5**
- **dicke Sticknadel**

Größe 74-80

Maschenprobe
12 Maschen und 18 Reihen ergeben 10 cm im Quadrat

Grundmuster
Glatt rechts

Rückenteil
Mit der Stricknadel 35 Maschen in Rot-Weiß gepunktet anschlagen und in der Streifenfolge von 8 Reihen bunt und 8 Reihen natur über 30 cm arbeiten. Die Maschen locker abketten.

Vorderteil
Bis zu einer Höhe von 26 cm wie den Rücken stricken, dann für den Halsausschnitt die mittleren 13 Maschen abketten und rechts und links davon noch 1 x 2 und 2 x 1 Maschen abnehmen.
Bis zu einer Höhe von 30 cm gerade stricken, dann locker abketten.

Ärmel
Mit der Rot-Weiß gepunkteten Wolle 25 Maschen anschlagen und die gleiche Streifenfolge stricken wie Vorder- und Rückenteil.
Für die Ärmelschräge beidseitig in jeder 6. Reihe 4 x 1 Masche zunehmen.
Bei einer Ärmellänge von 22 cm locker abketten.

Ausarbeiten
Mit der Häkelnadel die Säume der Ärmel und die unteren Kanten des Vorder- und Rückenteils in Natur mit festen Maschen umhäkeln, wobei jede 3. Masche um 2 Reihen tiefer eingestochen wird.
Die Streifen im Kreuzstich mit doppeltem Faden besticken.
Das Vorderteil wird in Brusthöhe noch mit Noppen behäkelt. Dazu 1 Masche mit der Häkelnadel auffassen, 2 Luftmaschen, in gleicher Einstichstelle noch jeweils 3 halbe Stäbchen häkeln, dabei die letzte Schlaufe immer auf dem Haken lassen.
Zuletzt den Faden durch alle Maschen ziehen. Die Fäden auf der Rückseite verknoten.
Eine Schulternaht schließen und die zweite Schulternaht sowie den Halsausschnitt im gleichen Muster wie die Säume umhäkeln. Für die Knopflöcher auf der Vorderseite je 1 Luftmasche arbeiten.
Die Ärmelnähte schließen, die Seitennähte des Vorder- und Rückenteils bis zum Armausschnitt zusammennähen und die Ärmel einpassen.

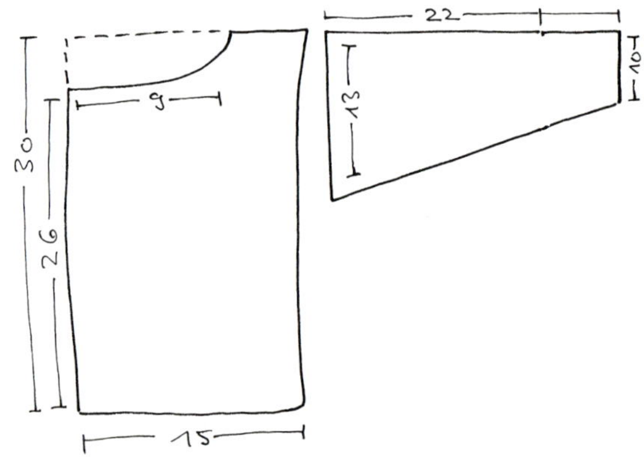

Der Pulli am Stück

MATERIAL
- **100 g Savanna in Graugrün, 43% Alpaka, 23% Leinen, 19% Schurwolle, 15% Polyamid, Lauflänge 80 m**
- **50 g Bali von GGH in Orange, 50% Baumwolle, 50% Polyacryl, Lauflänge 145 m**
- **Stricknadeln der Stärke 4 und 6**
- **dicke Stopfnadel**
- **ein kleiner Knopf**

Größe 68

Maschenprobe
12 Maschen und 18 Reihen ergeben 10 cm im Quadrat

Grundmuster
Glatt zwei rechts, zwei links

Vorder-, Rückenteil und Ärmel
30 Maschen mit der Stricknadel der Stärke 6 anschlagen und im Grundmuster bis zu einer Höhe von 15 cm stricken, dann für die Ärmel beidseitig 18 Maschen dazu anschlagen.
Über 7 cm gerade stricken, für den Halsausschnitt die mittleren 8 und rechts und links davon 1 x 2 und 2 x 1 Masche abketten.
Für den rückwärtigen Halsausschnitt 6 Maschen beidseitig dazu anschlagen, jedoch offen weiterarbeiten.
Nach weiteren 8 cm die 18 Maschen der Ärmel wieder abketten und 15 cm bis zum Ende des Pullis stricken. Locker abketten.
In Orange für die Kragenteile 40 Maschen mit der Stricknadel der Stärke 4 anschlagen und glatt rechts 6 cm stricken, locker abketten.

Ausarbeiten
Die Seitennähte übergehend in die Ärmel schließen, den Kragen von vorderer Mitte bis hinterer Mitte annähen, den rückwärtigen Schlitz mit festen Maschen umhäkeln, mit 2 Luftmaschen ein Knopfloch häkeln und einen Knopf annähen.
Aus Wollresten 3 Pompons drehen und in gleichmäßigen Abständen an die vordere Mitte nähen.

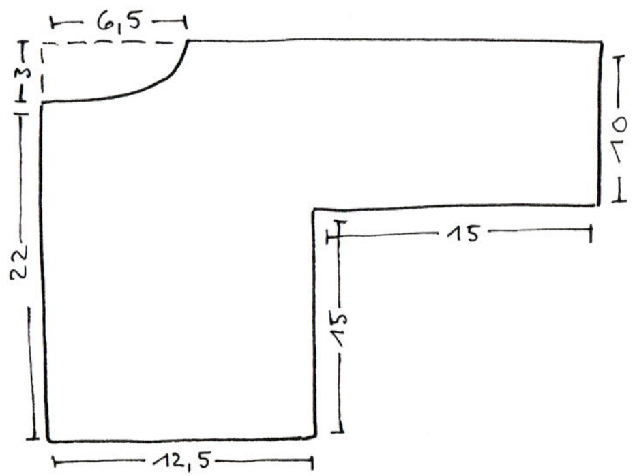

Schühchen

MATERIAL

- **50 g Bali von GGH in Orange, 50% Baumwolle, 50% Polyacryl, Lauflänge 145 m**
- **Häkelnadel der Stärke 4**
- **zwei kleine Knöpfe**
- **dicke Stopfnadel**

Mit der Häkelnadel der Stärke 4 doppelfädig 11 Luftmaschen anschlagen und 1 Reihe fester Maschen häkeln.
In die letzte Masche der Luftmaschenkette 3 Maschen arbeiten und auf der Rückseite zurückhäkeln.
In gleicher Art und Weise in Runden die Sohle häkeln, bis die gewünschte Fußgröße erreicht ist.
Nun 1 Runde in festen Maschen arbeiten, dabei jedoch nur den hinteren Teil der Maschen auffassen.
Zwei Runden ohne Zu- und Abnahmen häkeln und an einem Ende für die Spitze in jeder Reihe 3 Maschen beim Häkeln überspringen.
Wenn die Schühchen die gewünschte Höhe haben, auf der entgegengesetzten Seite der Spitze auf halber Höhe für die Hacke zurückhäkeln bis zum entgegengesetzten Punkt der anderen Seite, 7 Luftmaschen für das Riemchen dazuhäkeln und nochmals eine Reihe fester Maschen darauf setzen.

Lustiges Schweinchen

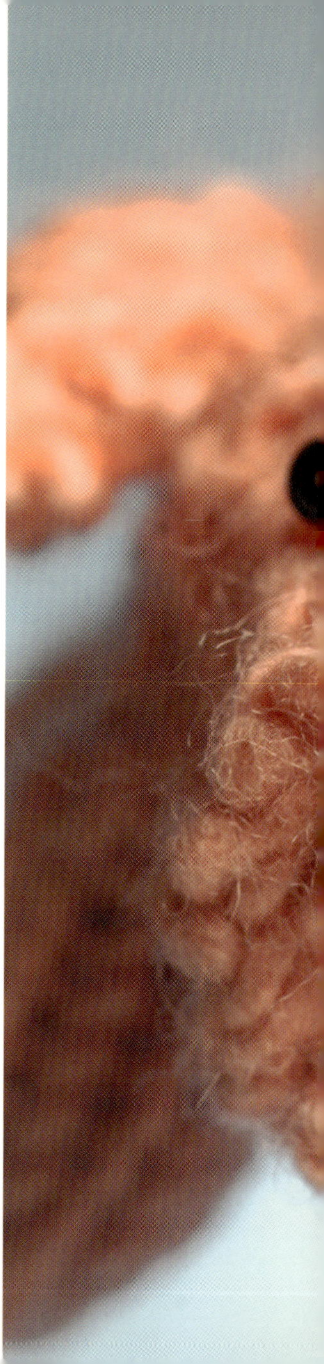

MATERIAL

- **50 g Wolle in Rosa für Nadelstärke 3,5**
- **Nadelspiel der Stärke 3,5**
- **Häkelnadel der Stärke 3,5**
- **Sticknadel**
- **2 kleine, schwarze Perlen**
- **Füllwatte**

Mit dem Nadelspiel 15 Maschen anschlagen und auf 3 Nadeln verteilen.
1 Masche rechts, 1 Masche links im Wechsel über 8 Reihen stricken.
Glatt rechts weiterarbeiten, dabei jeweils 2 Maschen verteilt auf jeder Nadel zunehmen, indem man aus dem Querfaden 1 Masche herausstrickt.
Etwa 10 cm glatt rechts stricken, dann in jeder Runde am Anfang und Ende jeder Nadel 2 Maschen durch Zusammenstricken abnehmen, bis keine Masche mehr auf der Nadel ist. Einen ganz langen Faden für das Schwänzchen lassen.
Mit diesem Faden 8 Luftmaschen häkeln, wenden und in jede Luftmasche 3 feste Maschen häkeln, dadurch ringelt sich das Schwänzchen.
Für die Beine 6 Maschen anschlagen, auf 2 Nadeln verteilen und 7 Runden stricken, abketten und einen langen Faden zum Annähen lassen.

Die Ohren werden kraus rechts gestrickt, dafür 8 Maschen anschlagen und 4 Reihen ohne Abnahme stricken, dann in jeder Reihe am Anfang 2 Maschen zusammenstricken, bis keine Masche mehr vorhanden ist.
Für das Schweineschnäuzchen einen Luftmaschenring von 3 Maschen häkeln, in jede Luftmasche 3 feste Maschen häkeln. Einen langen Faden zum Annähen lassen.
Das Schweinchen ausstopfen, die Schnauze festnähen. Die Beinchen mit Füllwatte ausstopfen und an die untere Bauchseite nähen, die Ohren an den Kopf nähen und die Perlen als Äuglein anbringen.

Bällchen

MATERIAL

- **je 50 g Supersoft, Linie 107 von KKK in Orange, Türkis, Grün und Gelb, 60% Baumwolle, 40% Polyacryl, Lauflänge 130 m**
- **Stricknadel der Stärke 4**
- **dicke Stopfnadel**
- **Füllwolle**

In beliebiger Farbe mit der Stricknadel 25 Maschen anschlagen und kraus rechts pro Farbe jeweils 14 Reihen stricken. Wenn das Strickstück quadratisch ist, mit Füllwolle füllen und an den Enden zusammenziehen.

Klassisches Twinset

MATERIAL
PULLI

- **jeweils 50 g der Qualität Bingo Linie 263 von KKK in Grasgrün, Türkis und Gelbgrün, 100% Baumwolle, Lauflänge 125 m**
- **Stricknadeln der Stärke 4,5 und 5,5**
- **dicke Stopfnadel**
- **6 kleine gelbe Knöpfe**

Größe 62-68

Maschenprobe
15 Maschen und
18 Reihen ergeben
10 cm im Quadrat

Bündchenmuster
1 Masche rechts, 1 Masche links im Wechsel

Rückenteil
33 Maschen mit der Stricknadel der Stärke 4,5 mit doppeltem Faden in Grasgrün anschlagen und im Bündchenmuster 3 cm stricken. Glatt rechts mit der Stricknadel der Stärke 5,5 bis zu einer Höhe von 7 cm weiterarbeiten.
Mit 1 Faden Grasgrün und 1 Faden Türkis über 3 cm weiterarbeiten und dann 3 cm doppelfädig in Türkis stricken.
Weitere 3 cm mit 1 Faden Türkis, 1 Faden Gelbgrün und nochmals 3 cm doppelfädig in Gelbgrün arbeiten. Die letzten 2 cm im Bündchenmuster mit der Stricknadel der Stärke 4,5 stricken.
Locker abketten.

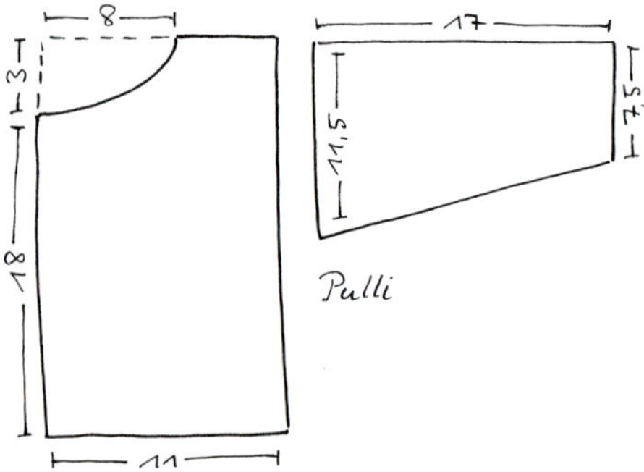

Vorderteil
Bis zu einer Höhe von 18 cm wie das Rückenteil stricken. Für den Halsausschnitt die mittleren 7 Maschen abketten und beidseitig 1 x 2 und 1 x 1 Masche abnehmen. Die restlichen Maschen für die Schultern im Bündchenmuster mit der Stricknadel der Stärke 4,5 über 2 Reihen arbeiten, dann für die Knopflöcher gleichmäßig verteilt 2 x 2 Maschen zusammenstricken und 1 Umschlag arbeiten. In der nächsten Reihe werden die Umschläge als Maschen gestrickt, das ergibt das Knopfloch.
Nach 2 weiteren Reihen im Bündchenmuster locker abketten.

Ärmel
23 Maschen mit der Stricknadel der Stärke 4,5 anschlagen und im Bündchenmuster 3 cm stricken. Die Farbfolge vom Rückenteil übernehmen und in glatt rechts weiterarbeiten, dabei für die Ärmelschräge in jeder 4. Reihe 3 x 1 Masche rechts und links zunehmen.
Bei einer Ärmellänge von 17 cm locker abketten.
Den zweiten Ärmel genauso stricken.

Ausarbeiten
Die Seitennähte bis zum Armausschnitt schließen, die Ärmel zusammennähen und einpassen.
Die Knöpfe an beiden Schultern annähen.

MATERIAL JÄCKCHEN

- **200 g Amelie von GGH in Grasgrün, 100% Polyamid, Lauflänge 65 m**
- **Stricknadeln der Stärke 8 und 9**
- **dicke Stopfnadel**
- **3 gelbe Knöpfe**

Maschenprobe
10 Maschen und 17 Reihen ergeben 10 cm im Quadrat.

Rückenteil
31 Maschen mit der Stricknadel der Stärke 8 anschlagen und im Bündchenmuster 4 cm stricken. Mit der Stricknadel der Stärke 9 im Grundmuster bis zu einer Gesamthöhe von 22 cm gerade hochstricken.
Nun die 11 mittleren Maschen für den Halsausschnitt über 2 cm im Bündchenmuster arbeiten, während die restlichen Maschen für die Schulter weiterhin glatt rechts gestrickt werden. Locker abketten.

Vorderteil
19 Maschen mit der Stricknadel der Stärke 8 anschlagen und im Bündchenmuster 4 cm stricken. Mit der Stricknadel der Stärke 9 weiterarbeiten und dabei für die vordere Kante die ersten 4 Maschen durchgehend 1 Masche rechts, 1 Masche links arbeiten.
Bei einer Höhe von 14 cm für den V-Ausschnitt die 5. und 6. Masche vor den Rippen des Bündchenmusters zusammenstricken.
Zweites Vorderteil gegengleich stricken, für den V-Ausschnitt die Maschen nicht zusammenstricken, sondern 1 Masche abheben, 1 Masche stricken und die zuvor abgehobene Masche darüber ziehen. Die Knopflöcher werden in einem Abstand von 3 cm gearbeitet, indem von der Kante aus die 2. und 3. Masche zusammengestrickt und dann 1 Umschlag gearbeitet wird.

Ärmel
19 Maschen mit doppeltem Faden und der Stricknadel der Stärke 8 anschlagen und 4 cm im Bündchenmuster stricken. Mit der Stricknadel der Stärke 9 im Grundmuster weiterarbeiten und für die Ärmelschräge in jeder Reihe 3 x 1 Masche zunehmen. Bei einer Ärmellänge von 20 cm locker abketten. Den zweiten Ärmel genauso stricken.

Ausarbeiten
Die Schulternähte und die Seitennähte bis zum Armeinsatz schließen. Nun die Ärmel zusammennähen und in das Jäckchen einnähen.

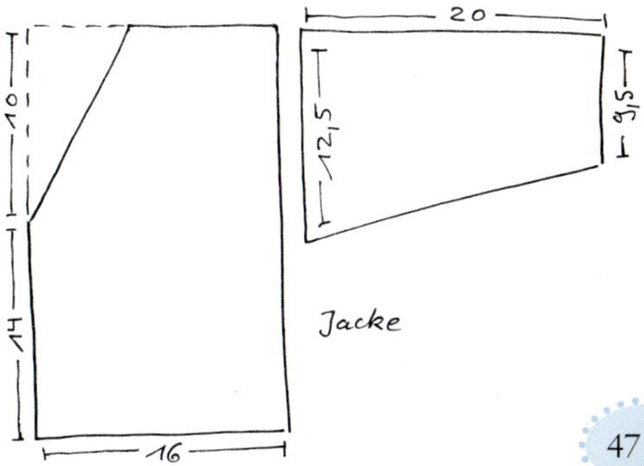

Kreativbücher machen Spaß

Tolle Strickideen für Babysachen

Marlies Busch zeigt durch die Verbindung von simplen Techniken und neuen kreativen Ideen, wie man aus bunter Wolle und Garnen einfach tolle Kleidung, Spielbälle, Kuscheldecken und vieles mehr für Babys zaubert. Die Muster können leicht individuell bearbeitet und abgewandelt werden, sodass für jedes Strickniveau etwas dabei ist.

Das kreative Babystrickbuch 48 Seiten, Hardcover, Format: 18,5 x 18,5 cm, € 9,95 (D)/ sFr 19,50/€ 10,30 (A) ISBN: 978-3-7843-5026-4

Der kreative Trend: Filzen

Deko, Kleidung, Accessoires – mit Filztechniken lassen sich wunderbare Mode- und Schmuckideen umsetzen. In den letzten Jahren finden sich zunehmend neue Fans dieser Handarbeit. Über 50 verschiedene Anleitungen von einfachen Grundtechniken bis zu mittelschweren Objekten finden sich in diesem Buch.

Das kreative Filzbuch, 48 Seiten, Hardcover, Format: 18,5 x 18,5 cm, € 9,95 (D)/sFr 19,50/€ 10,30 (A), ISBN: 978-3-7843-5028-8

Strickspaß für Groß und Klein

Mit den lustigen Tiermotiven dieses Strickbuchs kommt Leben in das Haus! Ob als Muff, Mütze oder einfach nur als Kuscheltier – diese Stricktiere machen Spaß. Übersichtliche, einfache Anleitungen ermöglichen schon Einsteigern die Motive nachzustricken. Die witzigen Details machen jedes Tier zu etwas ganz Besonderem.

Der kreative Strickzoo, 48 Seiten, Hardcover, Format: 18,5 x 18,5 cm, € 9,95 (D)/sFr 19,50/€ 10,30 (A), ISBN: 978-3-7843-5027-1

Das kreative Buch der Quasten und Bommeln, 48 Seiten, Hardcover, Format: 18,5 x 18,5 cm, € 9,95 (D)/sFr 19,50/€ 10,30 (A), ISBN: 978-3-7843-5029-5

Das i-Tüpfelchen für Mützen, Taschen & Co.

Verzieren und Aufpeppen heißt das Motto dieser tollen Handarbeitsideen, in denen Quasten, Bommeln und Troddeln die Hauptrolle spielen. Ob als lustiges i-Tüpfelchen an Mützen, Taschen und Ponchos oder als hübsches Dekor bei Kissen und Decken – mit diesen einfachen Anleitungen gelingen ganz individuelle Objekte.

Landwirtschaftsverlag GmbH, 48084 Münster

Fotos: Annette Hempfling, München
Innenlayout: Paxmann/Teutsch, München
Titelgestaltung: KreaTec – Grafik, Konzeption und Datenmanagement im Landwirtschaftsverlag GmbH, Münster
Druck: Westermann Druck Zwickau GmbH, Zwickau
ISBN 978-3-7843-5026-4

Wir danken GGH, Garngroßhandel Hamburg, Mühlenstraße 74, 25421 Pinneberg und der Handelsagentur Klaus Koch, Sachsstraße 30, 50259 Pulheim-Brauweiler für die Bereitstellung der Garne und Wollen.